PUERTO RICO!

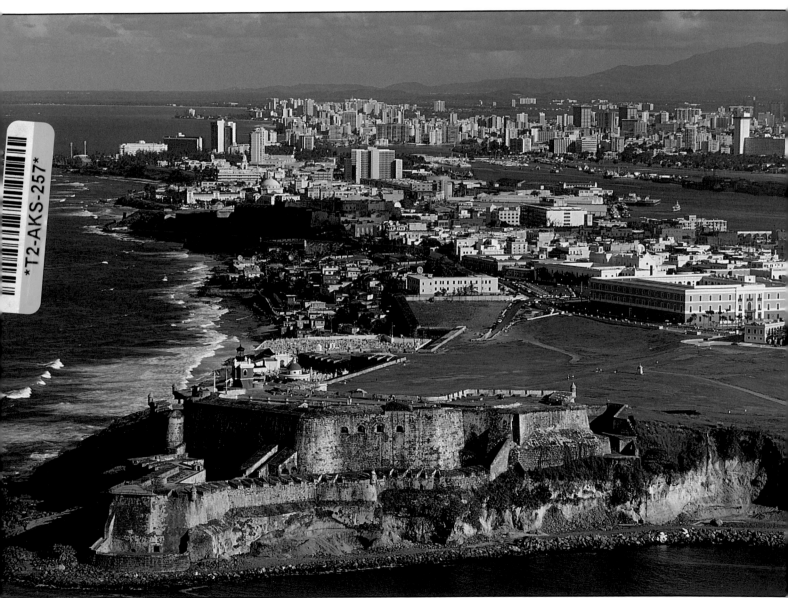

PHOTOGRAPHY BY RICK & SUSIE GRAETZ AND LARRY MAYER
ENGLISH BY PATRICIA L. WILSON • ESPAÑOL POR ANNE CATESBY JONES

AMERICAN & WORLD GEOGRAPHIC PUBLISHING

LARRY MAYER

Above: Heading out to catch a wave—Rincon.
Saliendo a buscar la ola perfecta—Rincón.

Front cover: Secluded beach below Punta Tuna lighthouse. RICK & SUSIE GRAETZ
Portada: Playa tranquila cerca del Faro de Punta Tuna.

Back cover: El Morro fort stands guard—Old San Juan. LARRY MAYER
Contraportada: El Morro—guardián de la Bahía de San Juan

Title page: El Morro fort with Old San Juan, Condado beach and San Juan. RICK & SUSIE GRAETZ
Página de título: El Morro, Viejo San Juan, Playa del Condado.

Left: Seaside watering hole in Boqueron.
Balneario de Boquerón.

Below: Kayaks point across the lagoon to the hotels of Condado—San Juan.
Kayaks saliendo en dirección de los hoteles del Condado.

FOREWORD

Puerto Rico!...I've come to regard the island as one of the treasures of the Caribbean. Each trip has opened my eyes to new beauties and fascinating places. This relatively small landmass contains an impressive array of landforms and tropical pleasures.

The beaches and vacation enclaves of Puerto Rico and its companion islets of Culebra and Vieques are magnificent, varied and uncrowded. A scenic highway traverses the crest of the spectacular and lush Central Mountain Range. In the northeast, the Caribbean National Forest, better known as El Yunque, features trails through a true rain forest. Backroads winding through a verdant countryside and along an aqua sea pass through historic villages and town squares. And all manners of urban life and oceanfront resorts are found in San Juan. Then there is Viejo San Juan...Old San Juan and the Forts of San Cristóbal and El Morro, an area so well thought of that the forts and a sector of the old city have been declared part of the world's inheritance.

A great place to experience and marvel at, this Puerto Rico!

Rick Graetz
American & World Geographic Publishing

Above: Peaceful seaside village of Boqueron.
La tranquila villa pesquera de Boquerón.

Top: The Puerto Rico and United States flags.
Banderas de Puerto Rico y Estados Unidos.

Facing page: Las Cabezas de San Juan Nature Reserve and lighthouse.
Al lado: Reserva Natural y Faro de Las Cabezas de San Juan.

P R Ó L O G O

¡Puerto Rico!

He llegado a entender que la isla es uno de los tesoros de las Antillas. En cada viaje encuentro nuevos deleites a la vista, nuevos lugares encantadores. Este relativamente pequeño terruño caribeño encierra una gama impresionante de variedad topográfica y placeres tropicales.

Las playas y los complejos vacacionales de Puerto Rico y sus islas hermanas, Culebra y Vieques, son magníficos y variados, sin estar atiborrados. Una carretera panorámica cruza la cresta de la espectacular Cordillera Central con su abundante vegetación. Al noreste, el Bosque Nacional del Caribe, mejor conocido como El Yunque, ofrece innumerables veredas para explorar un auténtico bosque pluvial. En el campo, los caminos van serpenteando por el verde paisaje, siguen por la orilla del mar turquesa, y pasan por plazas y pueblos antiguos. En San Juan, encontramos toda clase de actividad urbana y centros playeros. También tenemos al Viejo San Juan—los fuertes de San Cristóbal y El Morro, un área tan estimable que los fuertes y un sector de la antigua ciudad han sido declarados Patrimonio Mundial.

Esto es Puerto Rico: un gran lugar, ¡para saborearlo y admirarlo!

Houses catch the morning sun in the mountains near Cayey.

El sol mañanero pinta las casas en las montañas de Cayey.

GATEWAY TO THE NEW WORLD
BY PATRICIA L. WILSON

When the Spanish conquistadors, led by Christopher Columbus, arrived in Puerto Rico in 1493, they found the island inhabited by the Taíno Indians. Descendants of the South American Arawak tribes, the Taínos discovered the island they called Boriquén approximately 1,000 years ago. Gradually they moved north from Venezuela, and settled in many of the Caribbean islands in search of new sources of food.

The Taínos were peaceful people. Their society was structured around fishing and the cultivation of corn, sweet potato, ñame, apio, and yuca, out of which they made casaba, or bread of the earth. Other indigenous fruits such as pineapple, mamey, sea grapes, soursop, and mapuey grew wild. The Taíno farming was relatively organized and most of

the things they grew were for their own consumption and survival. They called their neatly farmed fields *conucos* and these were all over the island. Their meals, which were taken in the morning and in the evening, were mostly vegetarian except for fish, iguanas, small birds, and bats. Corn and casaba were staples. There were no livestock, so milk and cheese were unknown to the Taínos.

It was a tribal society made up of chiefdoms.

Above: One of El Morro's vaulted artillery ramps—Old San Juan.
Rampa abovedada en El Morro, San Juan.

Top: Towering above the town of Hormigueros is the Shrine of Our Lady of Monserrate church.
A lo alto del pueblo de Hormigueros, la Iglesia y Santuario de la Virgen de Monserrate.

Above: Above the Plaza de Armas in San Cristóbal fortress, looking west toward El Morro.
La Plaza de Armas del Fuerte San Cristóbal, mirando hacia El Morro.

PUERTO RICO: PORTAL DEL NUEVO MUNDO
DE PATRICIA L. WILSON, TRADUCIDO POR ANNE CATESBY JONES

Cuando llegaron a Puerto Rico en 1493, los conquistadores españoles bajo el mando de Cristóbal Colón, encontraron una isla habitada por el pueblo taíno. Descendientes de los aruacos de América del Sur, los taínos descubrieron hace aproximadamente 1,000 años la isla que llamaron Boriquén. Poco a poco habían ido subiendo hacia el norte desde Venezuela, poblando muchas de las islas del Caribe en su búsqueda de nuevas fuentes de sustento.

Los taínos eran gente pacífica. Su sociedad se centraba en la pesca y el cultivo del maíz, la batata, el ñame, el apio y la yuca. De esta última hacían el casabe o pan de la tierra. Otras frutas autóctonas como la piña, el mamey, las uvas playeras, la guanábana y el mapuey se daban sin cultivar. La agricultura taína estaba bastante bien organizada y la mayoría de sus cultivos se dedicaba a su propio consumo y supervivencia. Llamaban a sus bien cuidados campos conucos y éstos se encontraban en toda la isla. Sus comidas, que se hacían por la mañana y por la tarde, eran en gran parte vegetarianas, salvo por el pescado, la iguana, aves pequeñas y murciélagos. Su dieta básica era el maíz y el casabe. No había ganado, así que los taínos no conocían ni la leche ni el queso.

La sociedad taína se organizaba en caci-

LARRY MAYER

San Juan as well as San Cristóbal fort and San Gerónimo fort to the east of the city. The port of San Juan Bautista, the name first given to the island, was a stop on the way to and from the Americas. Puerto Rico was a virtual gateway to the New World.

Due to the shortage of Indian labor, in 1530, black slaves were imported to the island from Africa to work in the gold mines. However, within a short time the mines were depleted and Puerto Rico became of little economic value to Spain. The slaves were put to work on the construction of the forts and city walls, on sugar plantations and even on cattle farms.

Although Spain concentrated more energy on the development and conquest of Central and South America, the island's population grew. Development of livestock farming and

Above: Surfers at Rincón.
Deportistas de la tabla hawaiana, Rincón.

Top: Secluded beach below Punta Tuna lighthouse.
Playa apacible cerca del faro de Punta Tuna.

Facing page: San Juan's "Wall Street."
Al lado: El "Wall Street" de San Juan.

un levantamiento, pero los taínos no pudieron resisitir ante la superioridad de las armas españolas y la cultura taína quedó casi totalmente destruida.

En su dominio y colonización de Puerto Rico, el interés principal del gobierno español era la defensa de la isla frente a los piratas franceses, holandeses e ingleses. Por este motivo en 1533 se construyó La Fortaleza, la residencia oficial del gobernador y a la vez torre vigía para proteger el puerto de San Juan. Luego, en 1539, se inicia la construcción del fuerte de San Felipe del Morro, y en 1635 se levantan las murallas masivas que rodean tanto al Fuerte San Cristóbal como el Fuerte San Gerónimo al este de la ciudad. El puerto de San Juan Bautista, nombre que se usó primero para toda la isla, era punto de escala para los viajes, tanto de ida como de vuelta, en las Américas. Puerto Rico era para los efectos el portal del Nuevo Mundo, llamado por los españoles la Llave de las Indias.

Debido a la escasez de mano de obra indígena, en 1530 se comenzó la importación de esclavos desde África para trabajar en las minas de oro. Sin embargo, se agotaron en poco tiempo las minas por lo cual Puerto Rico resultaba de escaso valor económico para España. Se utilizaron entonces los esclavos en la construcción de los fuertes y las murallas de la ciudad, en los cañaverales y en las ganaderías.

A pesar de que España dedicaba más esfuerzo al desarrollo y conquista de Centro y Sur América, la población de la isla aumentaba. El desarrollo de la ganadería y sobre todo de la agricultura

especially agriculture became of important economic interest to the island. Sugar cane, coffee, tobacco, and the distilling of rum became major industrial concerns. The inhabitants were mainly rural, and they depended on the wealthy landowners, present or absent, for their subsistence. Most of the houses throughout the countryside prior to the 20th century were built on wooden stilts and their roofs were covered with straw. Even though the better homes were built entirely of wood, they could not withstand some of the devastating hurricanes that ripped through the island. Towns were recognized by their churches, but many of those towns were barely populated. One of the oldest towns in Puerto Rico, reputedly where Columbus landed, is Aguada, on the northwest coast. Most of the towns were on the coastal areas of the island, such as Manatí, Arecibo, Mayagüez, San German, Yauco, Ponce, Guayama, and Loíza.

By the 19th century the need for agricultural labor increased. Squatters who had been living on privately-owned lands and who worked occasionally for the land-owners in lieu of rent were forced off the land. This enabled the Spanish government to create a landless peasantry who were forced to seek employment in the sugar, coffee, or tobacco industries in order to survive. These "free" landless workers were compelled to carry "libretas," books maintained by the land-owners that recorded the workers' services as well as their debts. Most landless workers en-

Above: Crescent-shaped beach at Palmas del Mar.
Playa media luna en Palmas del Mar.

Top: Above Ciales.
En la altura de Ciales.

Facing page: Punta Tuna lighthouse and beach.
Al lado: Faro y playa de Punta Tuna.

se convirtieron en puntales económicos. La caña de azúcar, el café, el tabaco y la producción del ron se convirtieron en intereses comerciales importantes. La población era mayormente rural y dependía de los acaudalados terratenientes, locales o absentistas, para su subsistencia. La mayoría de las casas de campo antes del siglo XX se construían en zancos de madera y se techaban con paja. Aunque las casas mejores se hacían completamente de madera, aun así no resistían la fuerza de los huracanes devastadores que arrasaban a la isla.

Cada pueblo se identificaba por la iglesia católica en su plaza principal, pero muchos de ellos estaban escasamente poblados. Aguada, en la costa noroeste de Puerto Rico, es uno de los pueblos más antiguos de Puerto Rico y

se dice que ahí desembarcó Colón. La mayoría de los pueblos estaba en la costa: Manatí, Arecibo, Mayagüez, San Germán, Yauco, Ponce, Guayama, Loíza.

Para el siglo XVIII había aumentado la demanda para la mano de obra agrícola. Los llamados agregados, que vivían en las haciendas de los terratenientes, pagando el alquiler con labores ocasionales, fueron lanzados de sus casas. Esto permitió al gobierno español crear un campesinado sin tierra que se vio obligado a buscar empleo en las industrias del azúcar, el café o el tabaco. Estos trabajadores "libres" estaban obligados a llevar la libreta de jornalero, una libreta donde el terrateniente anotaba el trabajo que realizaba el jornalero, así como sus deudas. La mayoría de estos campesinos hacían acuerdos

Above: Looking east from Caguas to Humacao with Vieques Island in the background.
Vista de Caguas hacia Humacao; en la lejanía, la Isla de Vieques.

Facing page: Caja de Muertos and Morrillito Islands.
Caja de Muertos y Morillito.

tered into sharecropping agreements with the landowners, and received small plots of land on which they lived. Employment depended on the harvest, and the wages were in the form of vouchers rather than currency, which was hard to come by. By the end of the 19th century, 85 percent of the total population of Puerto Rico was rural. A small percentage was composed of the elite: the Puerto Rican and Spanish landowners who held not only power but social prestige.

Puerto Rico remained a poor colony throughout Spanish rule. Although it was poor economically, it was unusually rich in beauty, and, as the years progressed, in its own culture.

By the time Puerto Rico was ceded to the

con los terratenientes para sembrar a medias y se les asignaban pequeñas parcelas para sus viviendas. Su trabajo dependía de la cosecha y cobraban con vales en vez de dinero en efectivo, el cual era muy escaso. A fines del siglo XVIII, el 85 por ciento de la población de Puerto Rico era rural. La elite era una pequeña minoría, terratenientes puertorriqueños y españoles que ostentaban no solamente el poder sino el prestigio social.

Puerto Rico fue una colonia pobre durante toda la época del dominio español. Aunque

pobre en lo económico, era por otro lado rico en sus encantos, y a medida que pasaron los años, muy rico en su cultura propia. Para 1898, cuando España cede a Puerto Rico a Estados Unidos, los puertorriqueños habían desarrollado un acervo cultural popular con tradiciones muy particulares en su arte, artesanía, música, danza y gastronomía.

El jíbaro puertorriqueño, el humilde campesino — machetero en la caña, recogedor en el cafetal, secador del tabaco y peón de la finca— se convirtió en una de las figuras

United States by Spain in 1898, Puerto Ricans had developed a strong popular culture with very distinct traditions in the arts and crafts, music, dance and food.

The Puerto Rican "jíbaro," the humble country farmer who was cane cutter, coffee picker, tobacco drier, and peon, became one of the central figures symbolic of the Puerto Rican people. Immortalized in many works of art such as Rafael Hernandez' song "El Amanecer" (Daybreak), and in Ramon Frade's painting, "El Pan Nuestro" (Our Daily Bread), the jíbaro has become the symbol of pre-industrial Puerto Rico. Honest and hard-working, the jíbaro stands before us, gnarled and bare-footed, weary yet hopeful. Daily he traveled to the marketplace with the hopes of selling plantains (or chickens, calabazas, or yautías) that he raised on his little plot of land.

In spite of their poverty the rural poor found time for amusement. Popular pastimes were dancing, making and playing the cuatro and percussion instruments, attending religious festivals, carving *santos*, sewing and making lace, cock-fighting, horse breeding, and cooking.

By 1850, Puerto Rican patriots were seeking the abolition of slavery along with autonomy from Spanish rule. For the first time a national pride was felt throughout the island. In 1873 slavery was abolished, and some autonomy granted, but the efforts for Puerto Rican independence were frustrated when, in 1898, after Spain's defeat in the Spanish-American War, Puerto Rico was ceded to the United States with the signing of the Treaty of Paris.

Above: Living on the waterfront in La Parguera.
Casa a la orilla del mar, La Parguera.

Top: A great way to get around town.
¡Qué manera de transportarse!

Facing page: Scenic backroad in the Guardarraya mountains.
Al lado: Vista panorámica, montañas de Guardarraya.

simbólicas del pueblo puertorriqueño. Ha sido inmortalizado en un sinnúmero de obras de arte como la canción "El amanecer" de Rafael Hernández y el cuadro de Ramón Frade "El pan nuestro", como símbolo de Puerto Rico antes de 1950. Honrado y trabajador, el jíbaro está presente ante nosotros: descalzo y retorcido por el trabajo, fatigado pero a la vez esperanzado. Todos los días bajaba al mercado con la esperanza de vender sus plátanos o sus pollos, calabazas y yautías que había cultivado en su parcela.

A pesar de su pobreza, los humildes campesinos encontraban cómo divertirse. Sus pasatiempos favoritos eran el baile, la confección y ejecución del cuatro y sus instrumentos de percusión, asistencia a los festivales religiosos, la talla de santos, el tejido del encaje de mundillo, las peleas de gallos, la cría de caballos y la cocina.

Para 1850 los patriotas puertorriqueños luchaban por la abolición de la esclavitud y la autonomía del dominio español. Por primera vez los puertorriqueños en toda la isla manifestaban un orgullo nacional. En 1873 se abolió la esclavitud y luego se logró cierta autonomía. Pero en 1898 los esfuerzos por lograr la independencia se vieron frustrados a raíz de la derrota de España en la Guerra Hispanoamericana cuyo resultado fue la cesión de Puerto Rico a Estados Unidos en el Tratado de París. Una vez más la isla se convirtió en colonia. Se nombraron varios gobernadores militares. Aunque la Ley Jones de 1917 convirtió a los puertorriqueños en ciudadanos de Estados Unidos no les concedía los derechos constitucionales de la ciudadanía plena. Los puertorriqueños no elegían su gobernador, dependiendo de los gobernadores nombrados

Above: Luis Peña Key with Culebra Island.
Cayo Luis Peña y la Isla de Culebra.

Top: Brilliant flowering trees line the road.
Árboles floridos bordean el camino.

Facing page: The Rio Mar golf course stretches to the sea in the Luquillo area.
Al lado: El campo de golf de Río Mar se extiende hacia el mar en el área de Luquillo.

Once again the island became a colony. Military governors were appointed, and, although the Jones Act of 1917 made Puerto Ricans United States citizens, it did not extend full protection of the United States Constitution to the island. Puerto Ricans could not elect their own government officials, thereby remaining dependent upon American-appointed leaders who were primarily concerned with the "americanization" of the island. It was not until 1940 that the Popular Party, with its slogan *Pan, Tierra, Libertad* (Bread, Land, Liberty) and led by Luis Muñoz Marín, won an electoral victory. This resulted in impressive changes

por Estados Unidos, cuyo interés primordial era la americanización de la isla. No fue hasta 1940 que el Partido Popular, bajo la dirección de Luis Muñoz Marín, con su lema de Pan, Tierra y Libertad obtuvo la victoria electoral. Esto resultó en cambios impresionantes en la política isleña. Desde 1948, al ser electo Muñoz Marín gobernador, el turismo se promovió como industria principal. Se implantó la Operación Manos a la Obra para atraer la industria de Estados Unidos. Atraídos por la exención contributiva y los sueldos bajos, muchas empresas abrieron plantas aquí. Al pasar el tiempo, estas industrias sufrieron cambios. Hoy día, cuando paseamos por la isla vemos los armazones de acero y los almacenes vacíos de las antiguas instalaciones de las fábricas de aguja y de papel, y de las centrales azucareras, ya casi totalmente desaparecidas. Actualmente muchas de estas industrias han sido reemplazadas por empresas farmacéuticas y gigantescos centros comerciales.

Con todo, Puerto Rico aun conserva grandes encantos. Aunque la isla es relativamente pequeña (180 por 60 kilómetros), sus paisajes y sus regiones son notablemente diversos. Hay bosques pluviales por el noreste y manglares y bosques secos en el suroeste. Las playas serenas con sus palmares y arena blanca contrastan

in island politics. From 1948, when Marín was elected governor, tourism was promoted as a major industry. Operation Bootstrap was set up to attract American industries to the island. Lured by tax exemptions and low wages, many companies opened facilities. As time went on, these industries underwent many changes. Today, as one drives through the countryside, one can see the steel skeletons and empty warehouses that once housed sewing factories, paper mills, and the almost-extinct sugar centrals. Today many of these industries have been replaced by pharmaceutical companies, and mega-shopping centers.

However, Puerto Rico still has a myriad of wonderful things to experience. Although the island is relatively small (110 by 35 miles), its many landscapes and other regionalisms are surprisingly diverse. There are rain forests in the northeast, and mangroves and dry forest in the southwest. Serene palm-lined white sand beaches contrast with rough foam-capped waves crashing against coral reefs or rolling surf beckoning surfing aficionados. Fishing villages contrast with large urban landscapes. Tiny country roads with canopies of flamboyant trees, and six-lane highways weave a pattern around and through the island.

Although there have been many changes in Puerto Rico during the 20th century, it still has managed to maintain traditions that form its heart and soul.

con las olas que rompen en los arrecifes o forman el fuerte oleaje que atrae a los aficionados de la tabla hawaiana. Los poblados de pescadores contrastan con el paisaje de los grandes centros urbanos. Los estrechos caminos rurales con sus copas de flamboyanes se entrelazan por toda la isla con autopistas de seis carriles.

Aunque son muchos los cambios que ha sufrido Puerto Rico en el siglo XX, la isla ha podido mantener sus tradiciones, el alma de su ser.

Above: The Caribe Hilton and Radisson Normandy Hotel—San Juan.
Hotel Caribe Hilton y Hotel Radisson Normandy, San Juan.

Facing page: A former jail now houses the Puerto Rico Tourism Company in Old San Juan.
Al lado: Antigua prisión, ahora sede de la Compañía de Turismo, San Juan.

Above: Cemetery and El Morro fort—
Old San Juan.
Cementerio y El Morro, San Juan.

Right: Dry forest near Guanica.
Bosque seco de Guánica.

Above: Maunabo area near Caribe Playa Resort.
Maunabo, cerca del Centro Vacacional Playa Caribe.

Right: Taking a break outside the Ballaja Barracks with El Morro fort in the background—Old San Juan. *Descansando a las afueras del cuartel Ballajá; El Morro en el trasfondo, San Juan.*

Below: Elegance from Ponce's past. *Elegancia de antaño en Ponce.*

Above: Looking down on Villalba.
Vista de Villalba.

LARRY MAYER

Above: Bougainvillea decorates a weathered shed along the Panoramic Highway.
Las trinitarias adornan un ranchón en la Ruta Panorámica.

Left: Diverse crafts are sold at the Bacardi Rum Arts Festival.
Artesanías a la venta en la Feria de Artesanía de Bacardí.

Facing page: Stately Spanish-style church in Maunabo.
Al lado: La noble iglesia de Maunabo, de la época española.

Above: A stroll along the old city wall is a popular Old San Juan pastime.
Uno de los pasatiempos favoritos en el Viejo San Juan: un paseo por las antiguas murallas.

Left: Salsa music fans show their approval.
Los salseros expresan su aprobación.

Below: Part of Old San Juan's charm is it's colorful buildings.
Estos edificios pintorescos son parte del encanto del Viejo San Juan.

Above: Guayama's inviting plaza.
La acogedora plaza de Guayama.

Top: Old San Juan is a busy port for cruise ships.
La bahía de San Juan es puerto para muchos cruceros.

Facing page: Atlantic beaches and coastline near Arecibo.
Al lado: Playas y costa del Atlántico cerca de Arecibo.

Old San Juan with festive Christmas lights.
Luces festivas navideñas en el Viejo San Juan.

LARRY MAYER

Above: A Christmas sunset over Ponce's Plaza las Delicias.
Puesta de sol navideña en la Plaza de Las Delicias, Ponce.

Left: City Hall on Plaza de Armas—Old San Juan.
Ayuntamiento en la Plaza de Armas, Viejo San Juan.

Above: The Island's first official firehouse in 1883 is now a museum and one of Ponce's most cherished monuments.
El primer parque de bombas oficial de Puerto Rico, construido en 1883, ahora museo y uno de los más queridos monumentos de Ponce.

Facing page (top left): A Christmas tradition, the arrival of the three kings to the capitol of Puerto Rico.
Al lado-superior izquierda: Tradición navideña: la llegeda de los Tres Reyes Magos al capitolio.

Facing page (top right): Enormous poinsettia bloom freely.
Al lado-superior derecha: Las pascuas en todo su esplendor.

Facing page (bottom): Christmas festival—Plaza de Armas—Old San Juan.
Al lado-inferior: Festival navideño, Plaza de Armas, San Juan.

A romantic beach sunset.
Puesta de sol romántica en la playa.

Left: Carriage driver awaits passengers in Ponce.
El cochero espera por sus pasajeros, Ponce.

Bottom: Christmas in the countryside.
Navidad en el campo.

Above: Valley pastureland near Jayuya.
Valle cerca de Jayuya.

Right: Coconut truck at a local produce market.
Un camión con su carga de cocos, plaza de mercado.

The Central Mountain range.
La Cordillera Central.

Right: Hibiscus blossom.
Amapolas.

Below: The end of a storm in the Central Mountains.
Escampa en la Cordillera Central.

Facing page: Postcard perfect setting—Rincón.
Al lado: Bello paisaje en Rincón.

Above: Palmas Del Mar Golf and Beach Resort.
Centro Vacacional y Campo de Golf, Palmas del Mar.

Above right: One of ten outstanding championship golf courses in Puerto Rico.
A la derecha: Uno de los diez mejores campos de golf en Puerto Rico.

San Cristóbal fortress on the east end of Old San Juan.
El Fuerte San Cristóbal en el lado este del Viejo San Juan.

Left: A wedding-cakelike building graces Ponce's historic area.
Edificio adornado como un bizcocho en la zona histórica de Ponce.

Below: Mountains along Arecibo River.
Montañas al lado del Río Arecibo.

LARRY MAYER

Flamenco Beach on Culebra Island.
Playa de Flamingo en la Isla de Culebra.

Facing page (top): El Conquistador Casino.
Al lado-superior: Casino en el Hotel el Conquistador.

Facing page (bottom): Bright lights on the bay—Old San Juan.
Al lado-inferior: La bahía iluminada—Viejo San Juan.

LARRY MAYER

El Yunque

Right: Secluded waterfall and pool.
Cascada y charco escondidos en el bosque.

Below: Ferns, vines, bromeliads and flowering trees.
Helechos, trepadoras y árboles floridos.

Lush vegetation and view towards the east coast of Puerto Rico from El Yunque.
El verdor tropical enmarca la costa oriental de Puerto Rico vista desde el Yunque.

Above: Wild impatiens bloom profusely along the roadside in El Yunque.
Las miramelindas brotan por todo lo largo del camino hacia El Yunque.

Right (top): Tropical plant life clings to limestone cliffs.
Plantas tropicales en los riscos de piedra caliza.

Right (bottom): El Baño Grande.
El Baño Grande.

El Yunque mountaintops basking in the sun.
El sol baña la cima de El Yunque.

A delicate stand of bamboo.
Bambú tropical.

LARRY MAYER

Above: A rare occurrence—sunlight on the top of the cloud-dwarf forest.
Algo extraordinario—el sol toca la cima del bosque enano.

Left: Mount Britton observation tower at 3,086 feet is often in a cloud cover.
La torre de observación de Monte Britton, a mil metros de altura, casi siempre está oculta en nubes.

Right: Yokahu observation tower.
Torre de observación Yokahú.

Below: Looking towards Loquillo from El Yunque's cloud-dwarf forest.
Vista de Luquillo desde el bosque enano de El Yunque.

Cooling mists greet hikers at La Coca waterfall.
Un suave velo de agua refresca a los caminantes en la cascada de La Coca.

Above: El Yunque rain forest is what the Caribbean National Forest is called.
El Yunque: nombre por el cual se conoce al Bosque Nacional Caribeño.

Right: Dense foliage and cloud cover.
Follaje tupido y manto de nubes.

Evening arrives on the Caribbean coast.
Atardecer en la costa caribeña.

Left: A cool sea breeze and a beautiful view.
Fresca brisa del mar.

Below: Bacardi Arts Festival singers.
Cantantes en la Feria de Artesanía de Bacardí.

Above: A street scene in Old San Juan.
Una calle del Viejo San Juan.

Right: Riding in style.
Jinetes elegantes.

Left: Typical of the restored buildings in San Germán.
Típico edificio restaurado en San Germán.

Below: Firemen and friends.
Bomberos con sus amigos.

The sun feels great whether you're on the sandy beach or by the pool at the Hyatt Regency Cerromar Beach Resort.
El sol está sabroso, en la playa o en la piscina del Hotel Hyatt Regency Cerromar.

Above: Mangrove islands.
Islas de mangle.

Right: Mangrove canals—
Parguera.
Los canales del manglar.

Vieques Island at sunrise.
Amanacer en Vieques.

Above: Everything in Ponce shines.
Todo resplandece en Ponce.

Top: City of Luquillo.
Luquillo.

Fanciful architecture in Ponce's historic area.
Arquitectura caprichosa en la zona histórica de Ponce.

Left: Hollywood art-deco motifs enliven this 1930s theatre in Ponce.
Motivos del estilo art-deco hollywoodense en un teatro de los años 30.

Below: Nothing tastes better than the island specialties of roast pig and chicken.
Nada más rico que el lechón asado y el pollo.

La Parguera.
La Parguera.

Above: In the Central Mountains from the scenic route.
La Cordillera Central vista desde la Ruta Panorámica.

Left: Vividly colored flowers bloom everywhere in Puerto Rico.
Las flores de gran colorida abundan en todo Puerto Rico.

The bay and beach at Luquillo with El Yunque rain forest in the background.
Bahía y playa de Luquillo; en la lejanía el bosque pluvial de El Yunque.

Below & left: First aid for tires.
Primeros auxilios para las llantas.

Bottom: Lake Carite and Cayey Mountains.
Lago Carite y las montañas de Cayey.

Above: One of San Cristóbal's sentry boxes guards a new dawn—Old San Juan.
Una de las garitas de San Cristóbal, siempre en guardia, al amanecer, San Juan.

Facing page, top: Salsa musicians enliven the crowds at a music festival.
Los salseros alegran el ambiente del festival.

Bottom: Condado beach area in San Juan.
Playa del Condado en San Juan.

Along the Caribbean coast.
La costa caribeña.

Above: The Plaza de Armas and the yellow chapel of Santa Barbara in San Cristóbal—Old San Juan.
La Plaza de Armas y la capilla de Santa Bárbara en el fuerte San Cristóbal, San Juan.

Left: La Fortaleza and old city wall in Old San Juan.
La Fortaleza y la muralla antigua del Viejo San Juan.

Above and Top: The oldest house in San Germán.
La casa más antigua de San Germán.

Left: A friendly street vendor.
Un vendedor ambulante muy hospitalario.

Below: City of Mayagüez.
Mayagüez.

79

Above: In the Central Mountains above Villalba.
La Cordillera Central en las alturas de Villalba.

Top: A multitude of fresh produce is sold at large and small markets.
Una gran variedad de frutas y vegetales se vende en los mercados.

Facing page: Rio Camuy Cave Park. LARRY MAYER
Al lado: Parque de las Cavernas del Río Camuy.

LARRY MAYER

City of Isabel Segunda—Vieques Island.
Isabel Segunda, Isla de Vieques.

Above: San Germán retains much of its original colonial Spanish charm. *San Germán conserva gran parte de su encanto de la época colonial española.*

Left: Happy smiles in Ponce. *Caras alegres en Ponce.*

Above: Footprints left by early-morning walkers on a beach near Humacao.
Huellas dejadas por caminantes madrugadores en la playa de Humacao.

Right: Impatiens spill out of the woods onto the roadway in the Cordillera Central Mountains.
Las miramelindas se desbordan en el camino en la Cordillera Central.

Cabo Rojo lighthouse, the most southwest point of Puerto Rico.
El faro de Cabo Rojo, al extremo suroeste de Puerto Rico.

Golden light breaking through mist in the Central Mountains.
Rayos dorados de luz traspasan la niebla de la Cordillera Central.

Above: Gentle surf near Old San Juan.
Suave oleaje cerca del Viejo San Juan.

Facing page: Farms nestled in the Central Mountains.
Campos cultivados en la Cordillera Central.

Punta Tuna lighthouse.
Faro de Punta Tuna.

Above: Inviting aqua waters tempt sun worshippers at the Hyatt Dorado Beach Resort.
Las aguas color turquesa son una tentación para los bañistas de sol en el Hotel Hyatt Dorado Beach.

Left: Checking out the beach scene.
Disfrutando de la playa.

Guánica.
Guánica.

Left: Porta Coeli church in San Germán dates back to 1606.
La Iglesia Porta Coeli en San Germán data de 1606.

Below: Religious art fills Porta Coeli, Puerto Rico's second-oldest church.
El arte religiosos llena la Iglesia Porta Coeli, segunda en antigüedad en Puerto Rico.

Sailboats and the setting sun—La Parguera.
Velero en el atardecer—La Parguera.

Left: On duty.
De guardia.

Below: Plaza de Mercado produce market—
San Juan.
Plaza de Mercado, San Juan.

A landmark since 1540, the San Juan Cathedral welcomes all to Old San Juan.
Un monumento que data de 1540, la Catedral de San Juan acoge a todos los visitantes del Viejo San Juan.

Day breaks over the San Juan cemetery in Old San Juan.
El sol despunta sobre el cementerio del Viejo San Juan.

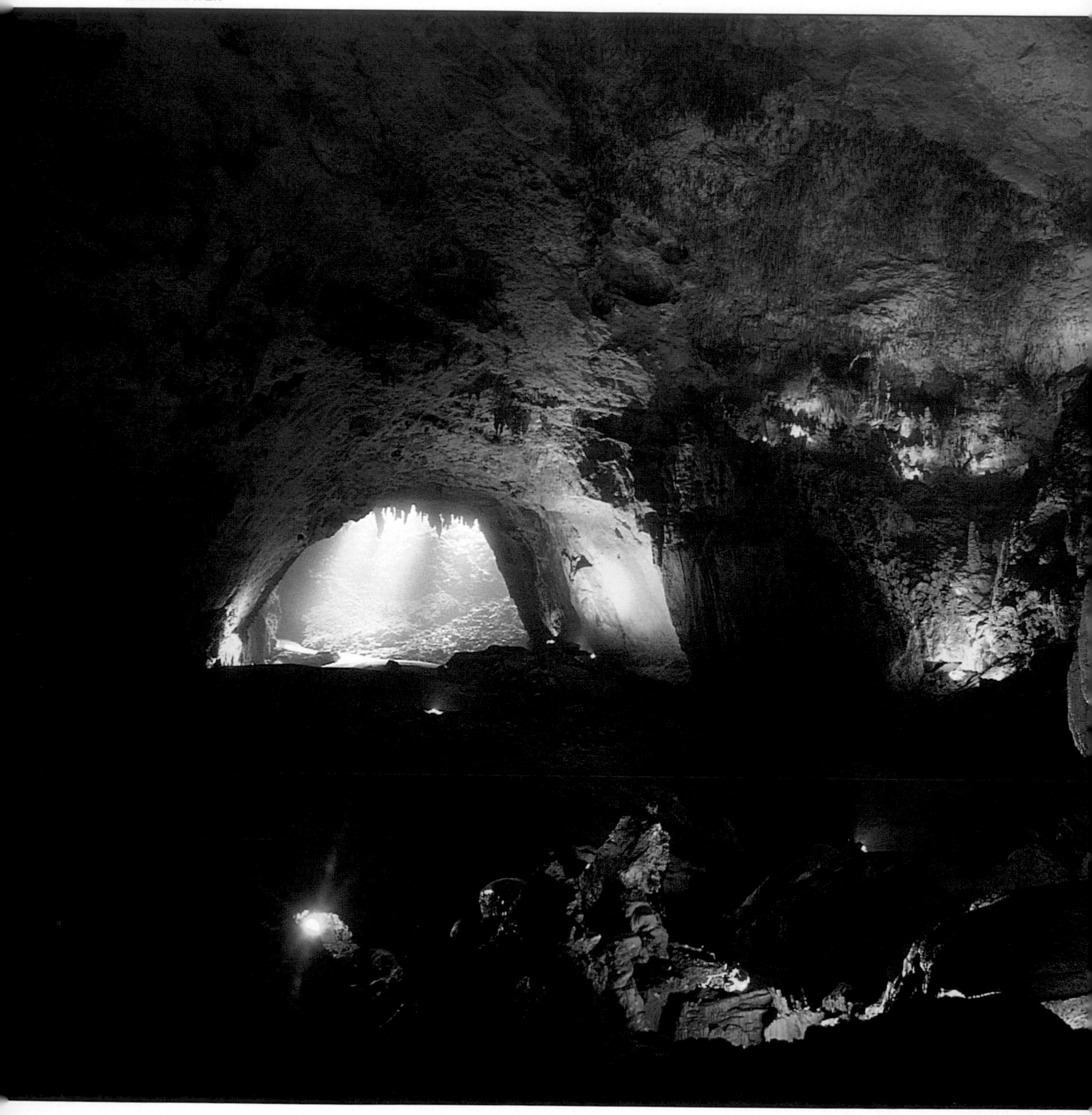

RICK & SUSIE GRAETZ

Above: A steep ravine in the Central Mountains.
Un empinado canyón en la Cordillera Central.

Left: Beautiful and mysterious—the underground caves at Rio Camuy Cave Park.
Las cuevas subterráneas del Parque de Cavernas del Río Camuy son bellas y misteriosas.

Early morning on a quiet Caribbean coast beach.
El amanecer en la tranquila playa caribeña.

Facing page (top): Cooling off.
Al lado-superior: Refrescándose.

Facing page (bottom): Ponce's majestic Cathedral of Our Lady of Guadalupe.
Al lado-inferior: La majestuosa Catedral de la Virgen de la Guadalupe, Ponce.

Above: Reflections.
Reflejos.

Right: Old San Juan
view.
*Vista del Viejo San
Juan.*

The southeast coast.
La costa del sureste.

Rick and Susie Beaulaurier Graetz have combined their love of travel, things new, and photographic skills to produce three photographic books on Montana, U.S.A., and one on Wyoming, U.S.A. Their photography has appeared in works on the West Indies, Europe, and Asia. Susie is the editor of the highly successful *Montana Celebrity Cookbook*. Rick is the publisher of *Montana Magazine* and American & World Geographic Publishing, as well as being an adventurer, mountain climber, writer, and photographer. In addition to his frequent magazine and newspaper columns on travel and world geography, he has been the author and photographer for books on Vietnam, Cuba, and Montana's Bob Marshall Wilderness. His photography graces the pages of a book profiling Helena, Montana, his home of over 25 years.

Larry Mayer, award-winning chief photographer for the Billings Gazette in Billings, Montana is as much at home in the cockpit of his Cessna 180 as he is behind a camera. Mayer's work has appeared in *The New York Times*, *Geo*, *Time*, *Newsweek*, *U.S. News and World Report*, *American West*, Associated Press, United Press International, *National Wildlife*, *National Geographic World*, and National Geographic's book on Yellowstone National Park. Additionally he has contributed to many books published by American & World Geographic Publishing.

Patricia L. Wilson, who holds a Ph.D. in art education, is the owner and chef of the world-renowned Bistro Gambaro in Old San Juan, Puerto Rico. Before becoming a "culinary specialist," Wilson was a professor and research writer. The decor of the famous restaurant shows her to be an active member of a thriving art community. Since 1989, her show "What's Cooking With Patricia?" has aired twice a day on WOSO Radio, San Juan; her "What's Cooking...Saturday Edition" is a one-hour listener participation program. Her popular newspaper column, "From Soup to Salsa," appears each Wednesday in the *San Juan Star*.

Anne Catesby Jones has been a translator since her arrival in Puerto Rico in 1953 at the age of five. A native of Washington, D.C., she graduated from the Inter American University High School in San Germán, Puerto Rico, and Radcliffe College, Class of 1969. Anne studied translation at the University of Puerto Rico Graduate Program in Translation, and is an Active Member of the American Translators Association. Her published translations include Mango Mambo, photographs by Adal Maldonado; José Campeche and his Time, the Campeche Exhibit Catalogue, jointly published by the Ponce Museum of Art and the Metropolitan Museum of Art; First Symposium on Historic reservation, National Park Service, San Juan National Historic Site. Anne has been a resident of Old San Juan since 1975.

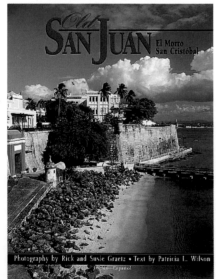